奇妙植物

童心 编

化学工业出版社

·北京·

编写人员：

王艳娥　于冬晴　宁天天　董维维　李　娜　陈雨溪　孙雪松　张云廷

图书在版编目（CIP）数据

童眼识天下．奇妙植物／童心编．—北京：化学工业出版社，2018.6（2021.2重印）
ISBN 978-7-122-31971-5

Ⅰ．①童…　Ⅱ．①童…　Ⅲ．①常识课-学前教育-教学参考资料　Ⅳ．①G613

中国版本图书馆CIP数据核字（2018）第077806号

项目策划：丁尚林　　　　　　　　　　　　　　　责任校对：宋　夏
责任编辑：隋权玲　　　　　　　　　　　　　　　装帧设计：尹琳琳

出版发行：化学工业出版社（北京市东城区青年湖南街13号　邮政编码100011）
印　　装：北京宝隆世纪印刷有限公司
889mm×1194mm　1/24　印张4　2021年2月北京第1版第3次印刷

购书咨询：010-64518888　　　　　　售后服务：010-64518899
网　　址：http://www.cip.com.cn
凡购买本书，如有缺损质量问题，本社销售中心负责调换。

定　　价：22.80元　　　　　　　　　　　　　　　　　　　版权所有　违者必究

前言 FOREWORD

欢迎光临奇妙的"植物王国"！这是一个底蕴深厚的国度，广大居民的祖先生活的年代甚至可以追溯到亿万年前。现如今，它们广泛分布在地球的各个角落，其中不少成员都是我们生活里的"熟面孔"。

树木是王国里一道亮丽的风景线。它们通常长得高大挺拔，或生长迅速，或花开灿烂，或别具特色；小草们虽然身材矮小，貌不惊人，却随处可见，为人们的生活增添更多清新的色彩；水果们美味多汁，生津止渴，是补充维生素和膳食纤维的绝佳良品；蔬菜们营养丰富，有益于身体健康，是人们餐桌上必不可少的食物。

怎么样？植物是不是很神奇？当然！如果你还想更加深入地了解它们，那就马上翻开《奇妙植物》一书，亲自去领略各种植物的风采吧！

目录 CONTENTS

- 温带水果之王——苹果　06
- 润肺好帮手——梨　07
- 天下第一果——桃　08
- 橘子浑身都是宝　10
- 娇美的草莓　12
- 晶莹的果中明珠——葡萄　13
- 盛夏水果冠军——西瓜　14
- 水果中的超人——李子　15
- 穿着"厚外套"的柚子　16
- 酸甜多汁的橙子　17
- 晶莹的珍珠果——荔枝　18
- 金色蜜果——杧果　19
- 多籽的石榴咧嘴笑　20
- 酸酸甜甜的番茄　21
- 黄瓜穿绿衣　22
- 甜脆"小人参"——胡萝卜　23
- 马铃铛一般的土豆　24
- 高水分的餐桌常客——白菜　26
- 真菌皇后——香菇　27
- 营养"模范生"——菠菜　28
- 瓜中极品——冬瓜　29
- 青青的芦笋有营养　30
- 粗纤维"营养行家"——芹菜　31
- 弯弯的扁豆像小船　32
- 紫色"营养达人"——茄子　33
- 开胃小能手——辣椒　34
- 矿物质丰富的海客——海带　35
- 毛茸茸的尾巴——狗尾草　36
- 果实像刺猬的苍耳　37
- 会害羞的含羞草　38
- 水岸常客——芦苇　40
- 绿色莲花——车前草　41
- 长着彩色叶子的彩叶草　42
- 清凉的薄荷　43
- 喜欢阳光的甘草　44
- 生长旺盛的空心莲子草　45

味道怪怪的鱼腥草 46	小小的"竹子"——竹叶草 63	飘香的常青树——桂花树 82
绿色的老虎耳朵——虎耳草 47	有点辣的独行菜 64	"怕痒痒"的紫薇树 83
草地里的小灯笼——蛇莓 48	叶子像羽毛的翻白草 65	天然的遮阳伞——榕树 84
环保驱蚊剂——香叶天竺葵 50	草丛里的星星——画眉草 66	挂满"灯笼"的栾树 86
用途多样的香蒲 51	倔强的牛筋草 67	柳丝轻盈随风飘 87
小巧的天胡荽 52	挺拔的树中王子——木棉树 68	墨绿色的圆锥体——柏树 88
菜园里的杂草——藜 53	果中钙王树——酸角树 69	树上长"面条"的面条树 89
会流血的血草 54	叶子像针的松树 70	树中老寿星——银杏树 90
神奇的龙珠草 55	亭亭玉立的少女——白桦树 72	高高的树上莲花——玉兰树 92
高大的龙蒿 56	果实酸溜溜的山楂树 73	季节"变色龙"——枫树 94
苞片像风车的水蜈蚣 57	优美的树中明星——梧桐树 74	预测地震的合欢树 96
叶子独特的元宝草 58	适应高手——杨树 76	
锋芒外露的大蓟 60	春天的使者——樱花树 78	
美丽奇特的猩猩草 61	稀少的木材珍宝——紫檀树 80	
不起眼的柔弱斑种草 62	慷慨的猴面包树 81	

温带水果之王——苹果

苹果不仅吃起来又甜又脆,营养也十分丰富,它还是温带水果之王呢。

"红脸蛋"的奥秘

苹果没有成熟时是绿色的,成熟之后就变得红彤彤的,这是怎么回事呢?原来,在没有成熟时,苹果果皮里有很多叶绿素,所以呈现绿色,然而,随着阳光的照射,叶绿素渐渐被苹果里一种叫叶绿素酶的物质分解,果皮中的胡萝卜素和花青素就成了主力,它们是红色、橙红色的,于是苹果的"小脸蛋"就变红了。不过也有例外,有的苹果果皮中的叶绿素特别多,无论怎么晒太阳都"晒不红",青苹果就是如此。

"水果医生"

苹果中含有果糖、蛋白质、维生素,以及丰富的锌元素,这些营养很容易被人体吸收,可以提高免疫力,改善呼吸系统机能,还能美容减肥,怪不得有人把苹果称为"全科医生"呢!

小知识

苹果颜色不同,营养价值和功效也不太一样:红苹果对心脏很好,青苹果更利于牙齿健康和骨骼强壮,而黄苹果能保护我们的视力。

润肺好帮手——梨

又到了梨子飘香的季节，一个个梨子挂在树上，有黄色的，也有绿色的，里面的果肉晶莹透亮，饱满多汁。

润肺能手

你知道吗？梨不仅好吃，还能治病呢。梨和冰糖是一对最佳拍档，它们碰到一起，就会发挥神奇的功效——梨本来就有润肺的功效，搭配冰糖食用，简直可以称得上是咳嗽的克星了。

鸭梨味道清甜爽口，吃完油腻的东西后，吃它解油腻准没错。

库尔勒香梨个头不大，但它酥脆香甜，味道非常好。

小知识

梨的表皮有许多呼吸孔，里面会沉淀许多色素，慢慢就形成了黑色的小斑点。这些小斑点虽然不漂亮，但能够防止梨中的水分流失，让梨保持爽口多汁。

天下第一果——桃

桃子外形美观,果肉香甜,被誉为"天下第一果"。"桃族"的成员有很多,油桃、蟠桃、碧桃都是其中的代表。

桃子为啥毛茸茸?

桃子是在夏天结果的,夏季炙热的阳光洒到大地上,很多植物都被晒得没精神了,不过桃子不怕烈日,因为桃毛能帮它们遮挡阳光。不仅如此,下雨的时候,桃毛还像保护伞一样帮忙遮挡风雨。另外,桃毛还在桃子的表皮形成一层保护网,使桃子不会轻易开裂。同时,有了桃毛,小虫子就没那么容易在桃子上爬来爬去了,所以桃毛还有防虫害的作用呢。

小知识

桃肉含蛋白质、粗纤维、钙等营养物质,而且水分含量很高。

油桃是桃子家族中的异类，没长桃毛，表皮滑溜溜的。果肉脆脆的、甜甜的。

橘子浑身都是宝

剥开橘子皮,里面酸酸甜甜的果肉是很多小朋友的最爱。但你知道吗?橘子除了好吃之外,还有一身好本领呢!

数数橘子有几瓣?

橘子的果肉是一瓣一瓣的,你留意过橘子有几瓣吗?一个橘子一般有7~10瓣,当然也会有例外。橘子有几瓣果肉,是由一个叫心皮的家伙决定的,每个心皮对应一瓣果肉。

小知识

橘子含有丰富的维生素C,一般来说,每天吃3个橘子就能满足成年人一天对维生素C的需求了,而小朋友每天吃1~2个就可以满足身体需要了。

浑身都是宝

　　橘子的橘瓣上覆盖着一些白色的网状筋络，吃起来有些苦味，它们的名字叫作橘络，能治疗咳嗽。橘子皮晒干放置一段时间后就变成了一味药材——陈皮。每瓣橘子果肉里都有几粒果核，那是橘子的种子，有止痛的功效。

娇美的草莓

草莓是水果家族的"美人",身材娇小,外形是小小的心形,还穿着鲜红色的外衣。不过,草莓很"娇气",它鲜嫩的外皮一不小心就会"受伤"。

种子在外有原因

草莓的表面长着一个个小颗粒,那里面包裹着的就是草莓的种子。草莓的花期一般在4~5月,果期在6~7月,果实成熟后会渐渐变得干瘪,这个时候,上面的种子就会直接掉落在土地上,等待合适的机会生长繁殖。这想必是草莓让种子长在外面的原因之一吧!

小知识

草莓含有丰富的氨基酸、维生素和矿物质,其中维生素C的含量比苹果还要高出7~10倍。草莓能帮助消化、排毒,具有保健功效,它也被称为"水果皇后"。

晶莹的果中明珠——葡萄

葡萄营养丰富、酸甜可口，被誉为水果中的"水晶明珠"。

多彩明珠

葡萄种类丰富，颜色多样：绿色、红色、黑色、紫色……每种颜色的葡萄都有自己的本领。绿葡萄对我们的肺很好，红葡萄可以软化血管，黑葡萄能让我们的头发变得更加黑亮，紫葡萄则是抵抗衰老的法宝……

好玩的变身

除了洗干净后生吃，葡萄还有很多其他吃法，葡萄汁、葡萄干、葡萄酒都是葡萄变身后的食品。其中最值得一提的是葡萄干，它是葡萄晒干后的产物。葡萄干个头小，却非常香甜，很有嚼劲，还富含铁和钙，对我们的身体很有好处。

小知识

葡萄的含糖量可高了，其主要成分是葡萄糖，它能被我们的身体快速吸收。如果有人出现了低血糖的症状，那就喝一杯葡萄汁吧。

盛夏水果冠军——西瓜

有这样一则谜语：身穿绿衣裳，肚里生红瓤，结的是黑籽，消暑甜又凉。大家知道这则谜语的答案吗？没错，答案就是西瓜。

西瓜瓤为什么是红色的？

小朋友，你知道西瓜瓤为什么是红色的吗？这是因为西瓜中含有一种叫番茄红素的物质，就是它让西瓜的果肉变成了红色。

西瓜其实是"水瓜"

口渴的时候，吃上几口西瓜，立刻就会感觉不那么渴了，这是因为西瓜中含有大量水分。西瓜拥有强大的补水能力，叫它"水瓜"一点儿也不为过。

小知识

西瓜为什么叫西瓜？这和西瓜的身世有关，西瓜是汉代从西域传入的，为了纪念它的家乡，人们就为西瓜起了这样一个名字。

水果中的超人——李子

李子可是水果中的"大美女",它长着饱满圆润的脸庞,颜色美艳,惹人喜爱。

"擦粉"的李子

李子真是太爱美了,它脸上还擦着"粉"呢,白白的一层覆盖在果实上面。这层粉叫蜡粉,是李子生长过程中自然形成的。

超级英雄

为什么说李子是水果中的超人呢?这是因为它体内含有一种叫抗氧化剂的物质,这种物质可以帮助人们预防疾病,提高抵抗力。此外,李子的味道甜中有酸,可以促使我们的肠胃快点蠕动,加快消化。

小知识

李子虽然好处不少,但也不能多吃,否则不仅牙齿会受不了,脾胃也会受到伤害。所以,李子虽然好吃,但吃的时候也要适量。

穿着"厚外套"的柚子

柚子个头不小,水分也多,香气更是浓郁。不过,柚子最特别的地方还是它那件金黄色的"厚外套"。

"厚外套"

柚子的外套——果皮很厚,果皮和果肉之间有一层白色物质,就像海绵一样。除去果皮,柚子的清香立刻会让你神清气爽。

"健身"好水果

柚子对我们的身体很有好处,它能够帮助身体更好地吸收钙和铁。此外,柚子还具有健胃的功效,还能促进消化呢。

酸甜多汁的橙子

橙子是柚子和橘子杂交后的产物，是柑橘类水果的一员。它不仅是维生素 C 宝库，还具有防癌的作用呢。

橙汁怎么苦苦的？

橙子的果肉酸酸甜甜的，但为什么鲜榨的橙汁却有些苦呢？这是因为橙子中含有柠檬苦素和橙皮苷，它们是橙皮和种子中的两种苦味物质，虽然苦，但却非常有营养，其中柠檬苦素更是抗癌高手。

大名鼎鼎的脐橙

脐橙的顶部长着一个"肚脐眼儿"，它是橙子家族最有名气的成员之一，味道非常清甜。我们有时能在脐橙的肚子里面发现另一个小橙子，它是脐橙的双胞胎"弟弟"，是没有发育完全的小果实。

晶莹的珍珠果——荔枝

荔枝的外皮上有一些小突起,就像穿了一件铠甲似的,摸上去一点儿也不光滑。剥开这层薄薄的外皮,你会发现里面珍珠一般的果肉。

营养高手

荔枝不仅能补脑,果肉里还含有丰富的维生素 C 和蛋白质,能提高我们抵抗疾病的能力。不过,荔枝虽好,也不能多吃,要不然就会得"荔枝病"——低血糖,出现头晕、口渴、恶心、乏力等症状。

无用的铠甲

别看荔枝的外皮看上去就像一件铠甲,但实际上,它非常薄,而且还有很多空隙,水分就是从这些空隙中悄悄溜走的。

小知识

水果也会像人一样呼吸,在这个过程中,它们会渐渐腐烂。水果们的呼吸很安静,我们根本听不到,其中荔枝的呼吸强度比较大,可达苹果的 4 倍,因此,荔枝腐败的速度也比其他水果快。

金色蜜果——杧果

杧果穿着一件金黄色的外衣,和柠檬有点像。不过,和柠檬相比,杧果身材偏瘦,还长着一个微翘的头,就像是个胖胖的月牙。

止吐小法宝

杧果有一项特殊技能,那就是止吐。当我们晕车、晕船的时候,杧果就能帮上大忙了,它可以缓解我们的眩晕和呕吐。

小知识

杧果虽然好吃,却含有一些引发过敏的成分。当这些致敏成分与皮肤接触后,有可能对我们的皮肤黏膜造成刺激,让皮肤变得红红的。

多籽的石榴咧嘴笑

石榴是水果中的小顽皮,它可爱笑了,成熟之后常常咧开嘴,露出饱满的果实,像是一颗颗红色的小牙齿,又像是晶莹的宝石,看起来诱人极了。

小知识

石榴不但长得好看,而且营养丰富。它含有丰富的维生素C、石榴多酚和花青素,能帮助排出身体毒素,本领可不小。

籽儿多又多

说起石榴最明显的特征,那就是它一肚子的籽儿,裹在鲜红的外衣里面,汁水充足,用手将果粒一粒粒送进嘴里,就能吮吸到酸甜可口的石榴汁。

 酸酸甜甜的番茄

番茄又叫西红柿，它长得圆圆的，像一个小球，鲜艳的颜色让人一看就很有食欲。

菜中之果

番茄可以生吃，也能做菜：生吃的时候味道酸甜，滋味一点儿也不比水果差，不过，生吃番茄的时候，它含有的番茄红素和胡萝卜素很难被吸收，但只要和鸡蛋搭配起来炒着吃，那吸收率就会提高很多。

小知识

圣女果是最原始的番茄品种。500多年前，南美洲土著的番茄品种就是像圣女果一样的小型番茄，被引入欧洲后，人们不断选育，才培育出了现在我们熟知的大番茄。

黄瓜穿绿衣

黄瓜喜欢生活在温暖的环境里,它的果实绿绿的,鲜嫩多汁。把新鲜的黄瓜洗干净,咬上一口,嘴里顿时会充满清爽的香气。

我的本名叫胡瓜

关于黄瓜这个名字还有一个历史小典故呢。西汉张骞出使西域时,将黄瓜从西域带回中原,当时被叫作胡瓜,后来,羯族人石勒称王,他认为汉人将少数民族称为"胡人"有贬低的意思,因此很不喜欢"胡"字,就将"胡瓜"改成了"王瓜"。由于发音时常说成"黄瓜",于是"黄瓜"就这样流传下来了。

小知识

我们平时吃的绿色的黄瓜是没有成熟的。真正成熟的黄瓜是黄色的,但味道一点儿也不好,人们发现黄瓜还是绿色的时候味道最好,所以就在这个时候将它采摘下来食用了。

甜脆"小人参"——胡萝卜

胡萝卜又甜又脆,有着滑溜溜的皮,还穿着漂亮的橙色"外衣"。不仅如此,它还非常有营养,有"小人参"的美誉呢。

胡萝卜素充电站

胡萝卜中的胡萝卜素非常丰富,它不仅让胡萝卜呈现出漂亮的橙红色,还让它拥有了极高的营养价值。胡萝卜素能够在我们的身体中转化成维生素A,然后被身体充分吸收,对我们的眼睛有好处,还有助于治疗夜盲症呢。

小知识

胡萝卜虽然叫萝卜,但它不属于萝卜家族,萝卜主要包括白萝卜、青萝卜。

胡萝卜虽然生吃很美味,但是营养却很难被吸收,所以小朋友们还是要多吃煮熟了的胡萝卜。

马铃铛一般的土豆

土豆的味道可真不错,又绵又软,香甜可口。土豆还是个全能选手:除了味道好,营养也很丰富呢!

小土豆,大本领

土豆的样子很普通,黄色的皮上还长着一些黑色的小斑点,但土豆却因为含有丰富而全面的营养,获得了"十全十美食物"的美名。土豆中丰富的维生素和矿物质是人体生长发育不可缺少的营养元素,对小朋友的健康特别有好处。

小知识

土豆又叫"马铃薯",它为什么有这样一个名字?瞧!一个个土豆看上去多像一个个马铃铛啊,土豆因此得名"马铃薯"。其实啊,土豆的名字还真不少:洋芋、薯仔等,说的都是它。

彩色的土豆

你见过彩色的土豆吗？它们是新技术培育出的土豆家族新成员，有红色的，有紫色的，看上去真是鲜艳极了。这些新成员们不仅颜色漂亮，营养价值也更加丰富了，其中的花青素，可是抵抗癌症等疾病的好法宝。

高水分的餐桌常客——白菜

有一种蔬菜,它的叶片绿绿的,叶柄白白的,吃起来清脆爽口,这种蔬菜就是我们经常见到的白菜。

菜叶包裹在一起

白菜看上去没什么特别,宽大的绿色菜叶和白色菜帮都不怎么起眼,一片片普通的菜叶层层叠叠地抱在一起,形成了一个圆柱体。如果一层层剥开,你就会发现一个非常有趣的现象:越被包在里面的菜叶绿色越淡,到了最里面,竟然变成淡淡的嫩黄色了。这是怎么回事?这是因为里面的菜叶见不到阳光,所以叶绿素没有外层菜叶多。

白菜鲜嫩多汁,清脆可口,还带着一丝甜味。它还能生吃呢,不过在吃之前一定要洗得干干净净哟。

小知识

白菜的含水量高达95%。冬天的气候很干燥,这个时候,白菜就能发挥它的神奇功效,为我们的身体补充水分。白菜中还含有相当丰富的粗纤维,有助于消化。怪不得人们常说"百菜不如白菜"。

真菌皇后——香菇

香菇是蘑菇家族人气很高的明星成员,它滋味鲜嫩,还是个营养储备站。

我的本领多

美味的香菇还有很多厉害的本领呢,它不仅是蔬菜界的"抗癌新兵",具有防癌、抗癌的功效,还有抗病毒的特殊本领。香菇还含有丰富的维生素D,在它的帮助下,身体能更好地将吃进体内的钙和磷进行消化和吸收,这对我们骨骼和牙齿的发育都很有好处。

香菇长得像一把小伞。"伞盖"的名字叫作菌盖,"伞柄"的名字叫作菌柄,白色的菌肉就躲在一把把"小伞"里。

小知识

香菇里含有一种特殊物质——香菇精,正是它让香菇拥有了鲜美的风味。

香菇是一种真菌,它不属于植物。因为我们常把它当作蔬菜吃,所以香菇也收入了本书里。

营养"模范生"——菠菜

菠菜颜色鲜绿,味美多汁,是餐桌上的常客。

"红嘴绿鹦哥"

菠菜又叫波斯菜、赤根菜等,汉朝时从波斯传入中国。菠菜长有肥嫩的绿叶、粉红色的根,故有"红嘴绿鹦哥"的美称。

菠菜的种类很多,按叶子的形状可分为大叶、圆叶、尖叶三种;按栽种的季节可分为春、夏、秋、冬四季菠菜。

营养丰富

菠菜含有丰富的蛋白质、胡萝卜素、维生素C、钙和磷等营养成分,它还有"营养模范生"的美誉呢。尤其是其中的胡萝卜素,它能在我们体内转化成维生素A,对我们的眼睛很有好处,还能促进生长发育呢。

小知识

菠菜有很多名字,其中有一个叫作"红根草",这是因为菠菜的根部大多数都是红色的,你看一眼就能认出来。

瓜中极品——冬瓜

冬瓜是蔬菜家族的大块头，大多是圆柱形的，看着就像个枕头似的，所以，它还有一个名字，叫作"枕瓜"。

身上有白霜

冬瓜的表面有一层白霜，这是什么？能吃吗？别担心，这是冬瓜成熟时分泌的蜡质，就像一层薄薄的保护膜覆盖在冬瓜的表皮上，这样不仅可以减少水分的流失，外来的微生物也别想侵害它。冬瓜的这层白霜对我们的健康没有任何伤害。

小知识

冬瓜营养丰富，含有丰富的蛋白质，不含脂肪，而且热量很低，是塑造健美身材的好食品。

青青的芦笋有营养

春天到了,芦笋悄悄地从大地上探出了脑袋,迎着春风生长。过不了多久,芦笋的嫩茎就可以采摘下来,做成清香鲜美的佳肴了。

芦笋味道十分鲜美,口感柔嫩可口,还有改善食欲的功效呢!

芦笋的模样

芦笋的身材一般都不错,匀称又修长;皮肤的颜色有的是油亮的绿色,有的是娇嫩的白色;身体表面还长着一些像鳞片的小东西。

小知识

芦笋不仅味道堪称一绝,还有极高的营养价值。芦笋中蛋白质、维生素和微量元素的含量都相当丰富,比一般的蔬菜都高出很多。

粗纤维"营养行家"——芹菜

芹菜是人们经常吃的蔬菜之一，它的茎秆绿绿的，散发着清新的香气，吃起来清脆又爽口。

特别的香气

蔬菜家族的成员众多，但芹菜可是很特别的一位，这不仅因为它脆嫩的口感，还因为它身上有一种特别的香气。这种香气是芹菜身上的芳香物质发出的。

> **小知识**
>
> 芹菜有一个非常厉害的本领，它含有大量的粗纤维，是我们肠道的清洁大师，能加快我们肠胃的蠕动，让我们的排便变得非常顺畅。

叶子：我也有营养

我们平时最常吃的是芹菜的茎。其实芹菜的叶也可以吃，芹菜叶不仅爽口，还非常有营养呢，芹菜叶中所含的维生素C和胡萝卜素都比茎部多。所以，不要小看芹菜叶，它可是深藏不露的营养小能手哟。

弯弯的扁豆像小船

扁豆又扁又平,还微微有些弯曲,像是小小的船,一颗颗豆子就藏在"船肚"里。

成长小帮手

扁豆的口感又脆又嫩,而且味道清香,即使和别的蔬菜放在一起烹制,它也会保持自己独特的风味。不仅如此,它的营养成分也十分丰富,包括了蛋白质、膳食纤维、钙、锌、铁和钾,等等。其中,锌能促进身体发育,让小朋友更好地成长。

容易引起食物中毒的蔬菜?

扁豆虽然味道很好,营养价值也很高,但其实它是个"危险人物"。为什么这么说呢?因为扁豆中含有一些天然毒素,只有在100℃及以上的高温下,持续加热一段时间,才能将毒素破坏。所以,吃不熟的扁豆很容易食物中毒。

紫色"营养达人"——茄子

茄子穿着一身紫衣裳,看着真特别,这身衣服在蔬菜大家族中也并不多见。茄子不仅颜色特别,营养还非常丰富呢。

茄子为何穿紫衣?

茄子为什么能有如此特别的颜色呢?这就需要一位特殊的朋友——花青素来为我们揭晓答案了:在茄子成熟的过程中,花青素逐渐形成,正是它让茄子变成了紫色。而且,花青素含量越多的茄子,紫色的程度就越深。

开胃小能手——辣椒

要说蔬菜家族中谁的脾气最火辣,那非辣椒莫属。辣椒大多穿着一件圆锥形的火红外衣,和它浓烈的味道很相配。

辣椒素的魔法

辣椒为什么辣?这是因为辣椒中有一种特殊的物质——辣椒素,它刺激我们的舌头和口腔黏膜,产生一种很像灼烧的感觉,让我们品尝到辣味。

小知识

谁是蔬菜家族的维生素C含量冠军?你一定想不到,答案竟然是辣椒!辣椒的维生素C含量远远超过其他的蔬菜伙伴。

矿物质丰富的海客——海带

海带是著名的"海洋之蔬",它的身上带着大海的味道——咸咸的,有一股特别的鲜香。

营养大师

海带营养丰富,其中含有两种物质——牛磺酸和谷氨酸,它们有助于我们大脑的发育和生长。不仅如此,海带还含有钾、碘、钙等丰富的矿物质,能促进骨骼发育,让身体变得更加强壮。在寒冷的冬天,海带还能让我们的身体变得暖暖的,提高抵御寒冷的能力。

小知识

干海带的表面覆盖着一层白色粉末,这层白色粉末的名字叫作甘露醇,具有利尿、消水肿的功效。

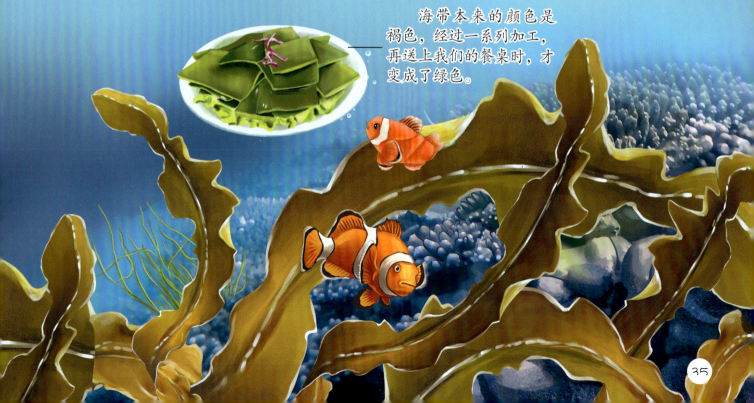

海带本来的颜色是褐色,经过一系列加工,再送上我们的餐桌时,才变成了绿色。

毛茸茸的尾巴——狗尾草

风儿吹过来，田野里一株株毛茸茸的草随着风摇摆起来，就像小狗摇尾巴。小朋友，你一定猜到了吧？那就是狗尾草。

不挑剔住所

狗尾草对环境的适应能力非常强，无论在干旱贫瘠的地方，还是在酸碱化的土地上，它们都可以生根发芽。如果到了肥沃的田地，它们就能更茁壮生长了，甚至会抢占农作物的生长空间和营养物质，成为让人讨厌的杂草。

毛茸茸的"尾巴"真可爱

狗尾草的"尾巴"长在茎秆末端，比茎秆要粗很多，长度为2~15厘米不等，或笔直挺立，或稍微弯曲，上面长着细小的毛，看起来就像小狗的尾巴。

果实像刺猬的苍耳

苍耳的种子是非常聪明的旅行家,它们成熟后会在茎秆上静静地等待时机,当有小动物从旁边经过时,就悄悄钩挂在小动物的皮毛上,跟着小动物到处周游,到远方安家落户。

像刺猬一样的果实

苍耳的果实叫苍耳子,外面长着很多尖刺,看起来就像在茎秆上睡懒觉的小刺猬。苍耳子的小尖刺不是抵抗敌人的武器,而是用来乘坐免费车的秘密工具,它们可以抓住小兔子、山羊等动物的皮毛,让苍耳子稳稳地挂在小动物身上,到远方去落户。

小知识

苍耳的茎秆、叶片、果实里含有多种对人体有害的物质,可以损害人的内脏。苍耳幼苗和果实的毒性最强,甚至能将人毒死。但是,苍耳子可以用来制作对付蚜虫的药剂,效果非常不错。

会害羞的含羞草

一株含羞草正舒展叶片悠然地享受日光浴，一只淘气的小蜜蜂飞过来碰了它一下，含羞草立刻合拢了叶片，娇羞地低下了头。

会害羞的叶子

含羞草的叶子受到碰触后，会立刻从顶部开始合拢起来。触动的力量越大，叶片合拢的速度就越快。合拢的叶片会迅速垂下。由于这一特性，含羞草也被称作"知羞草""怕丑草"。

叶子为什么会害羞？

实际上，含羞草受到碰触后合拢叶片不是害羞的表现，而是它们体内的肌动蛋白在起作用。当含羞草受到外界刺激时，肌动蛋白会使含羞草细胞内的水分跑出来，从而让细胞收缩，于是就出现了叶片的闭合运动。

下雨时，当第一滴雨水落在含羞草的叶子上，含羞草就会立即合拢叶片，并且将叶柄下垂，这样可以减少风雨对它造成的伤害。

小知识

含羞草叶片的合拢情况与天气变化有关。当含羞草的叶子受到碰触后快速闭合,但重新展开很缓慢时,说明天气会一直晴朗;当含羞草的叶子受到碰触后缓慢地合拢,但在短时间内又展开时,说明要出现阴雨天气了。

水岸常客——芦苇

芦苇是水岸边最常见的植物，它们像一个个身姿挺拔的卫士，默默地守护着水岸。在它们的保卫下，水更清澈了，水岸边的环境更美了，水岸周围的小动物们也多了起来……

茂密的芦苇丛

芦苇是一种多年生水生植物，高大挺拔。它们成丛地生长在湖边、河堤、沼泽地等水岸，经常会形成茂密的苇塘，甚至还会形成一望无垠的芦苇荡。风儿吹来，一丛丛芦苇随风摇曳，别有一番趣味。

强大的根系

芦苇有横向蔓延的根状茎。它们非常发达，甚至能在水面上形成厚厚的根状茎层，人和动物能够安全地在上面行走。芦苇的根状茎生命力非常顽强，可以长时间地储存在地下，只要条件适宜，它们就会长出新苗。

小知识

芦苇的叶子质地柔软，在很久以前就被人们当作包粽子的天然材料。用新鲜芦苇叶包的粽子不仅口感极佳，还散发着芦苇独特的清香，让人回味无穷。

绿色莲花——车前草

车前草是一种适应性非常强的野草，对土壤的要求不高，可以在干旱、严寒等恶劣条件下生存。

集叶成花

车前草的叶片是椭圆形的，它们直接从车前草的根部长出来，有规律地分散在根部周围，可以贴着地延伸，也可以斜向展开，还可以直立生长。叶子数量较多时，就构成了一朵盛开在草地上的绿色"莲花"。

直立生长的花序

车前草的花序一般有3～10个，它们都从根部生长出来，每个花序都有属于自己的花序轴。这些花序由很多细小的花组成，这些花从下往上排列得越来越紧密，在花序轴组成了一个细长的圆柱，笔直地向上生长。

小知识

车前草的幼苗是一种美味的野菜，可以做成很多口味的美食。除此之外，车前草还有很高的药用价值，人们采集车前草煎水后服用，可以起到清热解毒、保护视力的功效。

长着彩色叶子的彩叶草

大自然像一个热情的画家,它用彩色的画笔在一种野草的绿色叶片上渲染出缤纷鲜艳的色彩,创造了与众不同的彩叶草。

多彩的叶子

彩叶草品种多样,每个品种的叶片都独具特色。它们的叶面是绿色的,因品种不同上面分布着黄、红、紫、橙等彩色斑纹。这些斑纹有的将整片绿叶染成鲜艳的红色,有的在叶面点缀了淡黄色的繁星,还有的在叶面勾画出别致的橙色条纹……真是多姿多彩!

娇弱的彩叶草

彩叶草对生长环境要求非常高,在温度为 10~30℃、阳光充足的条件下,它们才能正常生长。温度太低或者过高,都会使彩叶草叶面的彩色变淡,甚至会导致彩叶草枯萎。

小知识

彩叶草虽然在日常生活中随处可见,公园、会场、剧院等场所都会出现它们的身影,但是,温暖湿润的热带地区才是它们真正的家。这也就不难解释它们为什么对生长环境温度的要求那么高了。

清凉的薄荷

薄荷是一种能够散发出清香气味的野草，主要生长在山野湿地。别小瞧这种草，它可以帮助人们在炎炎夏日摆脱瞌睡的困扰。

怎样识别薄荷

薄荷高度为 30～60 厘米，通体覆盖着稀疏的小软毛。它们的茎秆笔直，有 4 个明显的棱。茎秆上分布着对向生长的绿叶。这些叶子通常是狭长的椭圆形，个别品种的叶片也会呈圆形。

清凉的气味

薄荷全身上下都散发着独特的芬芳气味，摘一片嫩叶尝一下，就会有一种清凉的感觉，让人神清气爽。薄荷幼嫩茎叶做成的菜品，清爽可口，令人回味无穷。

小知识

薄荷还具有一定的药用价值，可以清热解毒、缓解疲劳。用薄荷叶泡茶，可以缓解流行性感冒、清心明目。

喜欢阳光的甘草

甘草的生存环境非常艰苦,但它们毫不抱怨。贫瘠的土地让甘草更加坚强向上,它们开心地吸收阳光雨露,努力地在土壤里延伸根系,终于成为荒漠的绿色卫士,还长出甜甜的根茎为人类造福。

不怕艰苦

对于甘草来说,阳光普照的地方就是生长的乐园。沙漠边缘、黄土丘陵地带恰恰是阳光相对充足的地方,虽然这些地方干旱、贫瘠,但甘草毫不在乎,它们要在这里生根发芽。久而久之,甘草养成了喜光、耐旱、耐热、耐盐碱和耐寒的生长习性。

发达的根系

为了适应艰苦的生存环境,甘草长出了发达的根系,以获取土壤深处的营养物质和水分。

小知识

甘草的根是圆柱形的,看起来就像红棕色的鞭子。这些根有着特殊的甜味,还具有重要的药用价值,可以清热解毒、祛痰止咳。

生长旺盛的空心莲子草

空心莲子草在池塘里安了家,很快就拥有了一个庞大的家族,它们拥挤地铺在水面上,霸占了巨大的空间,还争夺池塘里的营养物质,这让池塘里的其他居民非常不满。

球形的花序

远远望去,空心莲子草草丛上点缀着一个个纯白的小球,那是空心莲子草的花序。每个花序都由许多簇拥在一起的小花组成,从侧面看去,这些花序就像一朵朵小小的莲花。

茎秆像管子

空心莲子草的茎秆是不规则的方形,里面是空的,像一根管子,上面长着分枝和细长的叶片。它们刚从根部长出来的时候通常会匍匐生长,长到一定长度后,就会逐渐抬起头向上生长。

小知识

空心莲子草鲜嫩的茎叶清洗干净放在沸水里焯熟后,就可以用来制作美味可口的拌菜了。这种拌菜不仅清脆可口,还能够起到清热解毒的功效呢!

味道怪怪的鱼腥草

小野猫闻到一阵鱼腥味，以为周围有小鱼，它开心地嗅着气味去寻找。找来找去，根本没发现小鱼的影子，只找到了一丛茂盛的鱼腥草。

像荞麦

鱼腥草心形的叶子，看起来与荞麦叶有点像。但与荞麦不同，鱼腥草的茎秆是扁圆柱形的，叶子有些弯曲褶皱。4片白色的"花瓣"簇拥着一座金黄色的塔状花序，看起来漂亮极了！不过，那4片并不是真的花瓣，而是接近叶片的"总苞片"哟！鱼腥草的全身都会散发出鱼腥味，这让它们更容易与其他野草区分开。

可以食用

鱼腥草是一种具有药用价值的野草，适量食用可以起到清热解毒、健胃消食的功效。在中国南方地区，人们会采集鲜嫩的鱼腥草来调味或制作各种美味的菜肴；在日本，人们更是对鱼腥草情有独钟，他们将鱼腥草制作成药膳以及保健品。

鱼腥草含有少量的毒性，长期过量食用会对身体造成损伤。

绿色的老虎耳朵——虎耳草

虎耳草一般生长在阴暗潮湿的环境里,如山谷背阴处、岩石裂缝间。它的叶片宽阔浑圆,叶脉上分布着一条条白色条纹,看起来就像老虎的耳朵。

石缝间的荷叶

虎耳草的叶柄细长,直接从根基部分伸出来,这些长长的叶柄配上浑圆的叶片,像极了池塘里的莲叶,因此虎耳草也被称作"石荷叶"。虎耳草的茎秆非常纤细,像一条紫色的线。这些茎秆贴着地面匍匐前进,偶尔还会生根长出新的幼苗。

小知识

当周围的环境干燥、气温较高时,虎耳草就会感到不舒服,甚至会出现叶片焦边、失色的状况。在炎热的夏季,虎耳草一般会美美地睡上一觉,等到秋季天气凉爽时再继续生长。

草地里的小灯笼——蛇莓

秋天,田野里的草坪上长出了一个个红色的"小灯笼",走近一看,原来是蛇莓的果实成熟了。

匍匐生长

蛇莓喜欢温暖湿润的生长环境,经常会出现在山坡、河岸、田野等地。它们的茎秆贴着地面匍匐生长,所以被称为匍匐茎。叶子娇嫩翠绿,每条叶柄上有3片小叶,这样的叶子被称作三出复叶。这些叶子成丛出现,覆盖性强,可以在地上形成一片绿色的草坪。

果实像草莓

蛇莓的果实很像草莓,但比草莓小很多,只有指甲大小。这些小家伙通体鲜红透亮,表面分布着一个个小小的突起。它们镶嵌在梅花状的花托上,精美又别致。但是,不要随意食用这些果实,因为它们含有一定的毒素。

小知识

蛇莓虽然有毒,但如果用量合理,可以起到清热解毒、收敛止血的功效,还可以用来杀虫。

环保驱蚊剂——香叶天竺葵

一只蚊子看到一株翠绿的香叶天竺葵,想要停在上面睡个懒觉。它刚要飞过去,却闻到了香叶天竺葵散发出的让它不舒服的香味,只好灰溜溜地飞向别处。

有香味,可以赶跑蚊虫

香叶天竺葵体内含有香叶醇、香茅醇、芳樟醇等多种芳香醇,能够散发出玫瑰、柠檬、薄荷以及多种水果的清香气味。人们经常把香叶天竺葵当作盆栽放在室内,这样不仅能净化空气,还可以驱蚊防虫,让人们能够在炎炎夏日安然入睡。

小知识

香叶天竺葵是多年生草本植物,茎秆笔直挺立,可以长到1米左右。茎秆上长着许多细碎的叶子。香叶天竺葵的叶子是三角形的,边缘像锯齿一样。

香叶天竺花的形状像一把小伞,由许多小花组成。每朵小花都有5片花瓣,上面的两片较大并且带有别致的花纹。

用途多样的香蒲

香蒲在池塘里扎了根,繁衍出一个大家族。它们用发达的根系保护着池塘底部的泥沙,还净化了被污染的水。池塘更干净了,小鱼、小虾纷纷游了过来,整个池塘里热闹极了。

用途多样

香蒲全身是宝,它们的茎秆、叶片都是制作纸张的优质材料,细长的叶子还可以用来编制席子,花粉可以作为药物。另外,香蒲的嫩茎叶被称为蒲菜,含有多种营养物质,可以做成各种美味的菜品。

蒲棒虽然不能吃,但用它们沾一点油,就可以点燃当作蜡烛照明。

小巧的天胡荽

花园里来了一些新成员,它们在角落里安了家,很快就形成了一片绿油油的草坪。微风吹来,它们跳起欢快的舞蹈,整个花园里都溢满了它们的清香。

别致的小草

天胡荽茎秆很纤细,匍匐生长,上面分布着新生的根系和小巧的叶片。天胡荽有的叶片还没有指甲大,但小叶结构对称,外形如花,颜色更是青翠欲滴,看起来就像一件小巧玲珑的玉器,让人无法不生喜爱之情。

小知识

天胡荽是一种绿色环保的野香菜,能够散发出独特的香味。天胡荽幼嫩的茎叶还可以用来制作美味的野菜汤,能够起到清热解毒的功效。

菜园里的杂草——藜

春天到了，菜园里长出了一株株灰绿色的藜。它们虽然是杂草，但用途也不少，幼苗可以当作蔬菜食用，茎秆和叶片可以用来饲养小动物，而且它们还有止泻止痒的功效呢。

认识藜

藜的茎秆笔直粗壮，上面分布着很多绿色和紫红色的色条，长着很多斜着向上的分枝。藜的叶片为菱形，边缘分布着参差不齐的锯齿。叶片表面看起来就像盖着一层短小的软毛，摸上去也不光滑。

随处可见的杂草

藜是一种常见的杂草，适应性非常强，在农田、菜园、城市角落土地等地都能见到它们的身影，在菜园里最为常见。它们与青菜幼苗一同萌发，如果不将它们铲除掉，它们会迅速生长，成为30～150厘米的高大野草，影响其他菜苗的生长。

会流血的血草

据说,曾经有一位游客在神农架的山野里徒步旅行,突然他发现自己的鞋子上到处都是"鲜血"。他停下来仔细察看,自己并没有受伤。经过一番观察他才发现,鞋子上的"鲜血"其实是血草的汁液。

红色的草

血草高30～50厘米,成丛出现,茎秆光滑无毛,也没有分枝。与常见的其他野草不同,血草的叶子是深红色的。如果将血草的叶片折断,里面就会流出像人血一样的鲜红汁液,它也因此得名。

小知识

血草的根可以当作草药,用来治疗跌打损伤、外伤出血等症状,效果奇佳。

神奇的龙珠草

龙珠草旁边的地面上散落着一粒粒细小的种子，它们会在春天萌发出嫩芽，长成新的龙珠草。

可以食用

龙珠草是一种无毒的野草，可以药用，也可以直接食用。人们经常采集龙珠草，将其晒干，用来缓解腹泻、夜盲等病症。用鲜嫩的龙珠草茎秆和叶片做成的天然蔬菜，风味独特，还可以起到清热解毒、健胃消食的功效。

龙珠草的果实圆润饱满，像一颗颗藏在叶片下的小珠子，龙珠草因此又被称作"叶下珠"。

高大的龙蒿

龙蒿的果实成熟了，看起来就像一串串的小铃铛。这些小家伙有着绿色的外壳，顶部还长着黄褐色的小绒毛，看起来非常精致。只要条件适宜，它们可以在山坡、草原、沙漠边缘等地生根发芽，茁壮成长。

看起来像灌木

龙蒿通常高1米左右，高的可以长到2米以上。龙蒿的茎秆通常为褐色或绿色，表面分布着一条条纵向的棱，下部就像树干一样坚硬，它们从龙蒿的根部长出来，使龙蒿看起来像一丛生长旺盛的灌木。

> **小知识**
>
> 龙蒿鲜嫩的茎叶可用于搭配各种料理，调制美味的汤品。龙蒿的根晒干磨成粉末，可以代替辣椒作调味品。

苞片像风车的水蜈蚣

水蜈蚣是一种多年生草本植物，喜欢温暖湿润的生长环境，经常成丛生长在旷野湿地和水田。它貌不惊人，但本领很大，是一种功效神奇的草药。

蜈蚣一样的根状茎

水蜈蚣长在泥土里的茎秆形状像根一样，被称作根状茎。水蜈蚣的根状茎又细又长，表面覆盖着一层褐色的鳞片，像蜈蚣一样分为很多节。

苞片像风车一样

苞片是长在叶片与花序之间的叶子，能够保护花序和果实。水蜈蚣的苞片有3片，又细又长，规则地分散在花序下，通常会向下反折，就像正在迎着风转动的绿色风车。

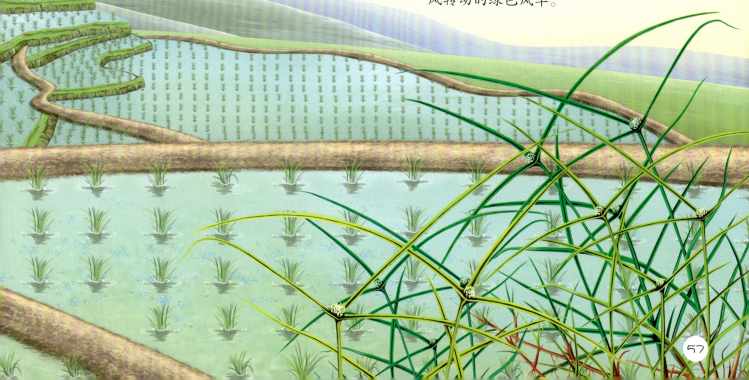

叶子独特的元宝草

元宝草是一种常见的杂草，具有一定的毒性，如果误食了元宝草，可能会引起中毒。但是，如果服用合理，元宝草可以起到祛风止咳、清热解毒的功效。

叶子包着茎秆

元宝草的茎秆笔直挺立，可以长到 60 厘米以上，长着很多分枝。在光滑的茎秆上，每隔一段位置就会长出两片椭圆形的叶子，每片叶子长 3～6 厘米。元宝草的叶子是包着茎秆生长的，看起来就像茎秆穿透了叶片，元宝草也因此被称作"穿心草"。位于茎秆顶端的叶子更有特点，它们两片贴在一起，和下面展开的叶子刚好构成了一个绿色的元宝。

开花有顺序

元宝草的花是金黄色的,每朵花有 5 个花瓣,形状和梅花差不多。它们都位于茎秆末梢,大部分都簇拥着生长。这些花很"谦让",它们总是让中央的那朵先绽放,周围的花朵再依次绽放。

小知识

元宝草的果实就像一个小的橄榄球,长度约为 7 毫米。但是,个要小瞧这些小家伙,它们可是治肺病、百日咳的良药。

锋芒外露的大蓟

春天到了,草地上长出了一株大蓟的幼苗,它想要和周围的小伙伴一同做游戏,但小伙伴们都不愿意和它玩耍,因为它全身都长着尖刺。

锋芒外露

大蓟是一种比较常见的野草,田野、山坡、草地都是它们生长的乐园。它们全身上下都长着尖刺,就像锋芒外露的刺猬,这可以保护它们不被食草动物吃掉。

叶片的特点

大蓟的叶片形状与蒲公英的很像,但比蒲公英叶片更厚、表面稍微弯曲上卷,而且边缘还长着一根根尖刺。长在根部附近的叶片比较大而且数量较多,茎秆上的叶片错落分布,通常按照从下到上的顺序逐渐减小。

美丽奇特的猩猩草

猩猩草是个淘气的孩子,它向枫叶借了点色彩,把自己的几片叶子染红,没想到竟然变成了公园里最惹人喜爱的明星。

会长出彩色的叶子

到了秋季,猩猩草茎秆顶端会长出几片彩色的叶子,叫作苞片。苞片与茎秆上的其他叶子相比显得十分小巧,但鲜艳的颜色足以让它们成为众人瞩目的焦点。这些叶子以红色为主体,点缀着翠绿的边缘,叶面偶尔还会镶嵌着几点白色,就像花朵一样美丽。

小知识

猩猩草的叶子通常是细长的椭圆形,叶片外缘的曲线规则优美,也有些品种叶片两端大、中间小,看起来就像哑铃。

不起眼的柔弱斑种草

春天到了，山坡上的小草都探出头来，开心地在阳光下随风舞动，但柔弱斑种草却安静地躲在阳光微弱的角落不敢靠前，因为外面的阳光太强烈了，会影响它们的生长。

不起眼的小草

柔弱斑种草的茎秆又细又软，为了抵抗风的蹂躏，柔弱斑种草经常一丛丛聚在一起生长，或者贴着地面匍匐生长。柔弱斑种草的茎秆上长着许多翠绿的小叶子，叶子上布满了细小柔软的白色绒毛，在这些小巧的叶片间，还会点缀着一朵朵淡蓝色的小花。

小知识

柔弱斑种草看起来很柔弱，它们的适应性却很强，田间草丛、山坡草地、路边等地都是它们生长的乐园。它们的繁殖能力也不容小觑，如果生长在田地里，它们会与农作物争抢阳光和营养物质，造成农作物减产。

小小的"竹子"——竹叶草

竹叶草发芽了，茎秆上抽出一片又一片翠绿的叶子，青翠欲滴。它们长呀长呀，竟然在田野里形成了一片"小竹林"。

生长环境

竹叶草外形像竹子，是一种多年生草本植物，喜欢温暖湿润的生长环境，一般生长在沟谷浅水或农田旁的水沟等水分充足的地方。

狭长的绿叶

竹叶草的叶子生长在茎秆两个节点中间的位置，相邻的两片叶子一左一右，错落有致。这些叶子又细又长，像竹叶一样，叶片中央有一条明显的深色直线，叶片边缘长着柔软的细毛。这些叶子把竹叶草丛装扮成一片精致的竹林，非常美观。

竹叶草的茎秆是倾斜着生长的，可以分为两部分，靠近根的部分贴在地面上，上面的节与地表相接后可以生根。

有点辣的独行菜

夏天到了，田野里到处都是绿油油的。咦，前面草地上怎么还飘动着小雪花呢？原来，是独行菜开花了。这些小花连成一片，真像落在草地上的雪花呢！难怪有人会把独行菜称作"六月雪"。

吃起来有点辣

独行菜的鲜嫩茎叶是一种美味的野菜，吃起来口感清香，略有辣味。用独行菜的幼苗做成的菜肴可以刺激食欲，让人胃口大开。独行菜的种子具有独特的辣味，常用来制作香辛料。

小知识

独行菜不怕寒冷，甚至在喜马拉雅山地区也有分布。它们自由随性，以野生为主，田野、路旁、森林边缘都可以见到它们的身影。

叶子像羽毛的翻白草

翻白草的叶子青翠欲滴,它们懒洋洋地在草地上睡懒觉。风儿吹过来,翻白草的叶子站起来伸了个懒腰。快看,它们的背面竟然是灰白色的!

像羽毛一样的叶子

翻白草的叶子非常有特点,叶片修长纤细,边缘长有细密的锯齿,看上去就像一片片羽毛。如果把它们的叶片翻过来,你就会惊讶地发现,原来叶子背面长满了白白的绒毛,这也是它们名字的由来。

可以吃的根茎

翻白草的根部非常肥大,外表红红的,里面的部分是雪白的。根据记载,古时候发生灾荒,人们就采集翻白草的根充饥。据说,这些肥大的草根肉质非常鲜嫩,吃起来就像鸡肉或莲藕。正因如此,翻白草也被人们称作"天藕""鸡腿"。

草丛里的星星——画眉草

秋天到了,画眉草长出了蓬松的穗子,一簇簇点缀在草丛里,有淡绿色的,有暗红色的,看起来很漂亮。

优良的牧草

画眉草茎秆柔软,蛋白质含量较高,对于食草的小动物们来说,它可是绝佳的美味。画眉草开花前最为鲜嫩,小动物们经常争相采食,即使画眉草枯黄了,留下的秸秆也很受小动物们的青睐。

小知识

在一些地方,人们也把画眉草称作"香香草",这是因为画眉草可以散发出一种很好闻的清香。

倔强的牛筋草

在旷野和路边，有一种不起眼的杂草，它贴在地上，像被人踩踏过一样。但是，不要小瞧它，它可是杂草里有名的钉子户，想把它拔起来可是要费些力气。

倔强的杂草

牛筋草的根系非常发达，会深深地抓住土壤，它的茎秆则会贴着地面生长，使人们很难将它拔掉或者铲除。牛筋草的茎秆和花柄也非常结实，不容易被拉断，根据这一特性，人们还将这种草戏称为"钝刀驴"或"老驴拽"。

小知识

聪明的古人发现，经常喝用牛筋草煎煮的水具有防疫、抗瘟病的神奇效果。于是，人们也将这种杂草称作"穷人的防病草"。

挺拔的树中王子——木棉树

木棉树高大挺拔,就像一位高贵的王子。瞧!一树红色的木棉花正热闹地开着,多像夺目的王冠呀!

先开花再长叶

木棉树非常与众不同,一般的树都是先长叶再开花,但木棉树却是先开花后长叶。3~4月份的时候,橘红色的木棉花就绽开了灿烂的笑脸,在这之后,叶子才会慢吞吞地长出来呢。

小知识

木棉树的树干上有很多小刺,它们是木棉的防御武器。有它们在,调皮的小动物就会离木棉树远远的。瘤刺会一直陪着木棉树慢慢长大,等到木棉树变老了,它们才会从树干上脱落。

果中钙王树——酸角树

小朋友,你吃过酸角吗?你知道酸角是从哪儿来的吗?快看!这里有株酸角树,就是它结出了酸溜溜的酸角。

观赏首选

酸角树颇具观赏性,它的花很漂亮,是淡黄色的,上面还有紫红色的条纹,远远看上去,就像是一只只翩翩起舞的蝴蝶。不仅如此,酸角树四季常绿,它的树冠就像是一把半展开的大伞。它茂密的枝叶郁郁葱葱,形成一道独特的风景。

酸角——"果中钙王"

酸角树的果实是酸角,它们一串串地挂在枝头,剥开棕褐色的外皮,里面就是酸溜溜的果肉。成熟的时候,酸角就变成了红棕色,味道酸酸的,非常有营养。酸角中钙的含量非常高,酸角因此有了"果中钙王"的美名!

叶子像针的松树

你知道松树是如何得名的吗？告诉你吧！这是因为它的树冠很独特，不像其他树那样紧凑，相反，还有些蓬松，于是，它就有了"松树"这样一个名字。

四季常青的奥秘

松树一年四季都是苍翠常青的，你知道这是为什么吗？这就和松针有关了。松针的形状很特别，能很好地减少水分的蒸发。所以，当其他树的叶子都变得枯黄，甚至脱落的时候，松树却依然保持着苍翠的风采。

特别的叶子

松树有一个最明显、最容易分辨的特征——叶子长得又细又长,形状就像一根根针似的,我们还专门为它们起了一个名字,叫作"松针"。

小知识

松树是一个成员众多的大家庭,而且分布的地区非常广泛。不仅如此,松树大家庭的成员还都是高个子,一般都能长到20米以上呢。

亭亭玉立的少女——白桦树

要是问俄罗斯人最喜欢什么树？答案一定是白桦树。要知道，白桦树可是俄罗斯的国树呢！

树干最美

远远望去，白桦林中的白桦树就像是一个个亭亭玉立的少女，白桦树的树干是白色的，挺拔优美，看上去端庄又秀气。伸出手去摸一摸，还会发现它们的树皮并不粗糙，很光滑。

顽强的生命力

白桦树是非常积极向上的树，它们不仅热爱阳光，而且生命力顽强，生长速度也很快，海拔400~4100米的山坡或林地中，都能看到它们的美丽身影。

果实酸溜溜的山楂树

瞧！前面有几株高大的山楂树，嫩绿的叶子下是红彤彤的小果子，它们十几颗聚在一起，看起来别提多亲近了。

高个子的适应达人

山楂树的适应能力强，即使在非常贫瘠的土地上，它们也能顽强地生长，而且长势比其他树木都要好！山楂树在果树中算是高个子，同样是果树，如果要比个头的话，苹果树和桃树都会是山楂树的手下败将哟。

酸酸的山楂

小朋友，你爱吃山楂吗？它们是山楂树的果实，这群小家伙个头不大，有着红红的脸蛋，上面还有一些小斑点，就像一个个小圆球似的，看上去真是又可爱又俏皮。山楂的味道酸溜溜的，是降血脂、促消化的好帮手呢。

山楂树的树枝长着很多"小刺"，它们是山楂树保护自己的武器，如果不小心被它们扎到，一定非常疼。

优美的树中明星——梧桐树

小朋友，你知道凤凰吗？那可是传说中的"百鸟之王"。据说，凤凰只栖息在梧桐树上。梧桐树什么样？怎么有这么大的魅力呀？咱们快来认识一下！

明星梧桐

为什么说梧桐是树中明星呢？这是因为它姿态优美，是声名远扬的观赏树。梧桐树的树干挺直光滑，而且非常粗壮，树皮是绿色的，表面十分光滑。梧桐满树都是茂盛的树叶，大大的叶子也漂亮极了。

一身好本领

　　梧桐树真称得上是树中的全能王，它不仅外形美观，是人们喜爱的观赏树种，同时，它还很实用：梧桐树的树干可以造纸；种子能炒着吃，还能榨油；用梧桐木制作的乐器更是精品。除此之外，它的生命力还十分顽强，很容易就能存活下来，而且寿命很长，一般都能活一百年以上。

梧桐果实的秘密

　　梧桐树的果实有一个名字，叫作菁葖（gū tū）果，这些果实成熟后就会裂开，里面藏着2～4枚种子，这些小家伙长得可有趣了，表面竟然有皱纹呢。它们还有一个名字，叫作梧桐子，还是一味中药呢。

适应高手——杨树

要说在树木大家庭中，谁适应环境的能力最强，那杨树一定能得到提名。不仅如此，杨树的分布范围也很广，还是个成员众多的庞大家族，包括胡杨、白杨、青杨等成员。

好多眼睛

杨树的树干很粗糙，上面就像长了一双双眼睛似的，那是杨树的伤疤。你一定感到很好奇，这是怎么回事呀？原来啊，在杨树还小的时候，人们会将它身上多余的枝杈都砍掉，这样，杨树才能长得又高又直，而砍掉枝杈之后留下的伤口，就慢慢变成了我们看到的"眼睛"啦。

小知识

杨树的果实成熟后就会裂开，之后，杨絮就会带着杨树的种子四处漂泊，等找到合适的地点，它们就会在那里繁育小杨树啦！

沙漠宝树——胡杨

胡杨生长在沙漠之中,抵御干旱和风沙的能力可强了,将它称作"沙漠守护神",真是一点儿也不为过。顽强的胡杨凭借强大的生命力维持着沙漠的生态平衡,还能防风固沙,作用可真不小。

胡杨是新疆最古老的树种之一,被维吾尔族人称为"托克拉克",意思是"最美丽的树"。

春天的使者——樱花树

小朋友，你喜欢樱花树吗？满树的樱花在春天绽放，那一朵朵樱花从白色、淡红色转变成深红色，当樱花花瓣纷纷扬扬地落下时，那景色真是美极了！

短暂的美丽

樱花树开花的时候非常灿烂,但可惜的是,樱花的花期非常短暂,一两个星期之后,就会全部凋谢了。虽然樱花凋谢得很快,但是那鲜亮的叶子、优美的树干、繁茂的枝丫,依然让樱花树保持着美丽的外形。

晚樱真美

樱花有很多品种,晚樱就是其中之一,它的姿态优美,就算是在"美人"众多的樱花树大家庭中,也出类拔萃。晚樱的花瓣很大,摸起来很柔软,而且还是娇艳的红色呢。虽然和早樱相比,晚樱开花的时间要晚半个多月,但是,它也是在叶子长出来之前花先绽放,一簇簇的花排列在树枝上,成为春天最美的景色。

稀少的木材珍宝——紫檀树

小朋友,你知道紫檀(tán)树吗?这可是一种本领超群的树,无论是做家具,还是做饰品,它都是非常优良的材料呢。

坚硬的木中奇珍

紫檀树的木质非常坚硬,而且密度很高。如果把一块紫檀木放进水里,它肯定会立刻沉到水底,因此,紫檀树是制作家具和饰品的优良材料。不仅如此,因为紫檀树非常稀少,所以异常贵重,在木材界称得上是响当当的明星成员哟。

紫檀树长得慢悠悠

紫檀树的生长速度缓慢,要想让它长成一棵粗壮的树,可能要等很多年才行。有一句俗话叫"百年寸檀",说的就是紫檀树要长粗一寸,需要上百年的时间呢!虽然这是一种夸张的说法,但由此可见,紫檀树的生长速度真的是太慢啦!

慷慨的猴面包树

猴面包树？这个名字可真奇怪！难道树上还能长出面包吗？还别说，这种树上真的能长出猴子喜欢吃的"面包"！不信的话，就一起去瞧一瞧吧！

猴子的"面包"

猴面包树的果实像个巨大的葫芦，每当果实成熟时，猴子、猩猩就会成群结队地赶来，爬到树上摘果子吃。"猴面包"不仅深受小动物们喜爱，经过烹饪后，还能成为人们餐桌上的美味佳肴呢！

储水的"生命树"

倘若有人在热带草原中迷了路，而且走得干渴难忍，如果这时候见到猴面包树，那真是太幸运了。粗粗的树干是猴面包树的储水桶，每到雨季，猴面包树就会使劲儿吸收水分，撑得树干圆鼓鼓的，这时只要在树干上切一个小口，猴面包树就像是打开了的"水龙头"，清泉会喷涌而出。因为这样，猴面包树还被称为"生命树"呢！

飘香的常青树——桂花树

如果要评选最香的树,那桂花树一定能入选,桂花树的香气非常浓郁,据说还能飘到十里之外呢。

真香呀!

桂花可真香呀,只要从树下经过,似乎就能沾上一身甜甜的香味儿呢!想知道桂花这么香的原因吗?这就要从桂花香气的成分说起,桂花中包含着多达几百种挥发性化合物,其中包括了青草香、苹果香、甜橙香等香味儿,很多种不同的香气融合在一起,就形成了我们闻到的桂花香。

"常青树"什么样

桂花树喜欢生长在温暖的地方,它的树皮是灰褐色的,树枝是黄褐色的,上面长着一年四季都绿油油的叶子,用手轻轻摸一摸,滑溜溜的,正是它们,形成了桂花树飘逸的姿态。

小知识

在桂花树高大的树身下,是十分发达的根,它们能深入到地底深处,寻找到充足的水分和养料,让桂花树长得又高又好。

"怕痒痒"的紫薇树

小朋友,你听说过这样一种树吗?它长得很美,枝繁叶茂,满树的花儿开放后就像霞光一样。不仅如此,它竟然还"怕痒痒"!你一定好奇这到底是什么树吧,告诉你,它就是紫薇树。

未解之谜

紫薇树为什么会"怕痒痒"?关于这个问题的答案,说法有很多:有的人认为紫薇树的树干中有一种神奇的物质,这种物质可以敏锐地感受到我们的触摸,还能传递到枝叶上,引起紫薇树的摇动;有的人认为是因为紫薇树的树冠很大,相比之下,树干就显得有些细长,这使得它的身材有些头重脚轻,所以不太稳定,容易晃动……

小知识

紫薇树除了外形美观外,还有一项本领,那就是抵抗污染。要知道,它不仅能够抵御二氧化硫、氟化氢等有害气体,还具有非常强大的杀菌能力。

天然的遮阳伞——榕树

有这么一种树,一棵就能形成一片树林的效果,为大家提供阴凉。小朋友,你知道这是什么树吗?告诉你吧,它就是榕树。

遮阳好去处

榕树的树干很粗壮,能达到十几米粗呢!树枝也积极地向周围伸展着,这就使得它的树冠很大,能遮挡阳光。难怪榕树下会成为纳凉的好去处呢。

一棵榕树就是一片树林

一棵榕树之所以能形成一片树林的效果，主要归功于榕树的气生根，它们是从榕树的树枝上长出来的，就像悬挂着的一根根胡须，它们会越来越长，直到钻进泥土里。在土壤养分的滋养下，气生根会越长越粗，甚至会长得和树干差不多粗。在这个过程中，榕树的覆盖范围也越来越大，最后就形成了一片树林般的壮观景象。

顽强的种子

榕树每年都会结果实，但是和它庞大的树身相比，榕树的种子就非常小了，只有一粒黄豆那么大，看上去普普通通，一点儿也不起眼。然而，它们却拥有非常顽强的生命力，即使是在环境恶劣的悬崖峭壁，也能坚强地发芽、生长。

挂满"灯笼"的栾树

咦,这是什么树?怎么还挂着一个个"小灯笼"呀?告诉你吧,这是几株栾(luán)树,因为它们的果实看上去很像灯笼,所以它们还有一个名字——"灯笼树"。

"小灯笼"大揭秘

仔细瞧一瞧,"小灯笼"到底长什么样?它真的像灯笼一样,中间是空的,外面有三片果皮包裹着。没有成熟的时候,这些"灯笼"果实是淡淡的黄绿色,等到成熟之后,就变成了红褐色。而且,"小灯笼"里还藏着秘密呢!那里面有一个个小黑球,是栾树的种子。

小知识

栾树还有一个名字,叫作"黑叶树"。原来,别看栾树的树叶是绿色的,但如果把它和白布放在一起煮,就能将白布染黑,因此栾树的叶子还能当黑色的染料呢。

柳丝轻盈随风飘

春天来了！我们总是能在小河边、院墙外发现一株株柳树，它们长长的枝条低垂着，还会随着微风舞动呢。

垂柳

柳树是一个大家庭，其中，垂柳是我们生活中常见的一位成员。它细长的枝条就像一根根轻盈的丝带低垂着，微风拂过，它们随风摇摆，就像是在和我们打招呼呢。你认真观察过垂柳的叶子吗？它们的形状是细长的，周围还有一圈细细的锯齿。

下垂有原因

垂柳大多生长在水边，这里的土壤又松又软，要是有特别大的风吹过，垂柳的根就会有不稳定的危险，于是，聪明的它们想到了这样一个办法——让枝条垂落下来，这样就稳当多了，即使大风袭来，它们也不会轻易倒下。

墨绿色的圆锥体——柏树

咦，前面怎么有一排墨绿色的"大圆锥"？小朋友们可要睁大双眼，别看错了，那可是一排柏树呀！不过远远看上去，它们倒真是和圆锥有一些相像呢。

树中先锋

柏树可称得上是树中的先锋，它们不仅不畏惧干旱，还能抵抗寒冷，它们伟岸挺拔的身影是冬天里的一道独特风景。除此之外，它们对土质也没有太多的要求，就算是贫瘠的土地，它们也能坚韧地扎根生长。

慢性子的柏树

柏树的生长速度有些缓慢，不过，先别为它们着急，要知道，柏树是树木中的老寿星，一般能活1000多年呢，陕西黄帝陵的轩辕柏，据测定已经有2000多岁了。有趣的是，"年纪"越大，柏树生长的速度就会越慢。

小知识

柏树们的个头可真不低，随便找一株柏树，它的身高都能长到20米呢，还有一些特殊的成员，能长到五六十米高。

树上长"面条"的面条树

什么?面条树?难道还有能长出面条的树吗?没错,这可不是在开玩笑,还真有这种神奇的树呢,快来看看它是怎么做到的吧!

我能长出"面条"

面条树的果实形状很奇怪,是细细的长条形,最长的竟然能达到2米长呢,远远看上去就像是一根根面条悬挂在树上。不过,面条树之所以有这样一个名字,可不仅仅是因为它的果实长得像面条,还因为这些果实尝起来和面条也很像。面条树的果实成熟之后,人们会将它们摘下来晒干,等到要吃的时候,就放到水里煮一煮,搭配上美味的调料,味道和我们平时吃的面条几乎没什么区别。

小知识

面条树这个名字就够奇怪了,你一定想不到,它还有一个更奇怪的名字——黑板树,这又是为什么呢?难道它还能做黑板?你猜对了,正是因为面条树的木质特别适合做黑板,所以,它才有了这样一个特别的名字。

树中老寿星——银杏树

银杏树是声名远扬的"长寿树",它的寿命很长,而且非常古老,它还有"活化石"的美名呢。

历史悠久的"活化石"

银杏树很古老,早在几亿年前,地球上就出现了它们的身影,虽然后来它们中的大多数都已经灭绝了,但还是有一部分银杏树顽强地存活下来,而且还保留了一些原始的特征,也正因为这样,我们才将银杏树叫作"活化石"。

奇特的"公孙树"

银杏树还有一个很奇特的名字——公孙树,这是什么意思呢?原来,银杏树生长的速度可慢了,一般来说,在自然条件下,从栽种到结果,要等待二十多年,而要想结出很多果子,那要等四十多年。"公孙树"的意思就是,我们现在栽种下银杏树,只有留给子孙们品尝果实了。

小知识

白果是银杏树的果实,营养丰富。不过大家一定要牢记,白果虽好,但却含有一些有毒物质,生食或食用过量会中毒,所以一定要吃熟的白果,而且要少吃哟。

高高的树上莲花——玉兰树

咦，莲花还能在树上开放？别不相信自己的眼睛，还真有这么一种树，它开出的花儿和莲花很像，它就是玉兰树。

先开花，后长叶

如果仔细观察，你就会发现，玉兰树先开花后长叶。这是怎么回事呀？告诉你吧，其实道理很简单，这是因为玉兰树的叶子生长时，需要的温度比较高，而相比之下，玉兰花所需要的温度就比较低。所以在早春时节，我们就先看到玉兰花在枝头绽放啦。

"莲花"树上开

细细看这满树的玉兰花,是不是觉得很眼熟?没错,玉兰花和莲花有些像,都长得纯净而高雅。玉兰花有白色和紫色两种,它们的花瓣大大地伸展着,色泽清亮,干干净净地在枝头绽放,是早春中一道美丽的风景。

树皮的秘密

想要知道眼前的玉兰树是年轻还是衰老吗?树皮来帮你揭晓答案。小玉兰树的树皮是灰白色的,不仅摸上去很平滑,而且很少有裂纹。不过当玉兰树变老的时候,可就不一样了:不仅树皮的颜色变成了深灰色,还会变得粗糙起来,并且纷纷裂开。

季节"变色龙"——枫树

秋天到了,枫树的叶子变成了红色,像是一团团燃烧着的火焰,真是漂亮极了!你想知道这其中的奥秘吗?快来一探究竟吧。

枫叶的模样

你仔细观察过枫叶吗?它们的形状就像是一个个手掌。枫叶一般会有5个或者7个裂片,也有一种是3个裂片,不过上面会有几个突出的小齿。在加拿大的国旗上就有枫叶的身影呢。

秋天的魔法

为什么枫叶一到秋天就会变红呢?这是谁的魔法?其实道理很简单:我们都知道,树叶之所以是绿色的,是一种叫叶绿素的物质在帮忙。可是到了秋天,叶绿素就逐渐分解、减少了,这个时候,一种叫类胡萝卜素的物质就开始发挥作用了,它的颜色——红色或橙黄色开始在枫叶上显现出来,于是,秋天的枫叶就变成了红色或者橙黄色。

枫树甜甜的

树汁就是从树的体内流淌出来的汁液，每种树都会有树汁，这并不稀奇，然而，糖枫树与众不同的地方是，它的树汁不仅多，而且滋味甜，还能制成美味的糖浆呢。

预测地震的合欢树

小朋友们,你们知道含羞草吗?它特别敏感,用手轻轻一碰,叶子就会合上。有一种树和含羞草一样,叶子也能开开合合,这种树就是合欢树。

天然地震"观测员"

合欢树很敏感,甚至可以用于地震观测。在地震发生之前,合欢树会灵敏地做出反应——释放很大的电流。如果我们能及时"捕捉"到这些电流,就能对地震做出预测。

神奇的叶子

合欢树的叶子很神奇,在白天的时候打开,到了晚上就会悄悄合上。这是因为白天的时候,张开的叶子能接收更多的阳光,有利于合欢树生长;到了晚上,将叶子合上,可以减少热量的散失和水分的蒸发。不仅如此,如果有风雨降临,合欢树也会将叶子合上,它这是在保护自己呢。